TALKIN' TICO

A guide to Costa Rican slang

By

CHUCK GREEN

INTRODUCTION

When speaking our native language we draw from a deep pool of idioms and slang that we accumulate over a lifetime and that changes and updates as our culture evolves. Without thinking we can find the appropriate term or phrase to use in any given situation and can usually understand in context those used by other native speakers of our own language even when they are from different regions or countries.

When we study another language, however, we are usually just taught grammer and "proper" generic vocabulary, We then often find ourselves frustrated when we can't understand what's going on around us or easily participate in casual conversations in a country that uses the language we have been studying. I certainly found this to be the case when I relocated to Costa Rica.

The Spanish language as it is spoken in Costa Rica is rich with local idioms, slang and expressions unique to that country. These "tiquismos" are liberally sprinkled throughout most social conversations and learning some of this alternataive vocabulary can make hanging out with local people a lot more enjoyable.

In this book I've compiled 381 slang words and phrases that are commonly used in "Ticquicia" along with translations into both generic Spanish and into English, In many cases examples of usage in a sentence are provided in both languages for clarity.   Although this list is far from comprehensive it provides a solid base for anyone interested in fine tuning their basic Spanish vocabulary in order to facilitate everyday conversation while visiting or living in beautiful Costa Rica.

A

a grito pelado: a grandes voces. With tremendous screams/shouts.

El ganador fue saludado por el público a grito pelado.

The winner was greeted by the crowd with loud screams.

a la par: al lado. Alongside or on the side.

Quisiera un plato de gallo pinto a la par.

I'd like a plate of rice and beans on the side.

a pata: a pie. On foot.

Mi carro está en el taller, entonces ando a pata.

My car is in the shop so I'm walking.

achantado: sin ganas, con pereza. Without enthusiasm, feeling lazy.

> Pablo no ha terminado su trabajo; está achantado.

> Paul hasn't finished his work; he's feeling lazy.

achará/acharita: lástima. What a pity, too bad.

> Achará que Mónica no haya podido acompañarnos.

> It's too bad that Monica could not come with us.

acois: así. This way, thus, like this.

> Mae como se hace esto?...Acois mire.

> Dude, how do I do this? Like this, look.

agarrado: (adj.) avaro, tacaño. Stingy, cheap, tight.

Fernando es tan agarrado que no le sacás ni un cinco para comprarte un chicle.

Ferdinand is so cheap he won't spend five colones to buy you a piece of gum.

agüevado: aburrido, triste. Bored or sad..

¡Qué agüevazón! How boring! or What a bore!

se ahorcó: se casó. Got married. (Lit. - got hanged or lynched.)

Mi compa se ahorcó ayer.

My buddy got married yesterday.

alitranco: (m) el cierre para asegurar los portones de los corrales.

The latch used to lock the
gates to corrals.

amarrar el perro: no pagar de vuelta
dinero prestado. To fail to repay borrowed
money. (Lit. - tie up the dog.)

apearse: (v.) bajarse. Get down, climb
down, dismount.

apiaguavas: persona despistada, que
pone poca atención. Clueless, disoriented,
at wits end. A person who does not pay
attention.

aplanchar la oreja: irse a dormir. To go to
sleep. (Lit. – iron your ear.)

apuntarse: acompañar a otros, hacer lo
mismo que los otros hacen.

To accompany other people. To do the same thing as others do.

> Voy a comprar unos helados de fresa, ¿quién se apunta?
>
> I'm going to buy some strawberry ice cream. Who's coming?

a(c)quantá: hace un rato. A while ago. A moment ago.

> Yo llegue a quantá. I arrived a while ago.

argolla: (f.) grupo con mismos intereses acaparando todo. A group with the same interest, monopolizing or buying up everything.

armarse la gorda: pleito. To fight, to get it on.

Ahora sí se armó la gorda! Now there's gonna be a fight!

arrojar: (v.) vomitar. Vomit, throw up, toss, hurl.

> ¡Ay, me siento mal! Voy a arrojar.

> Wow! I feel Lousy. I'm gonna throw up.

atollar: (v.) 1) golpear; hit a blow, strike someone or something

2) embadurnarse el cuerpo oparte de él con algo. Daub something on yourself.

> ¡Atollale que se lo merece! Whack him cause he deserves it!

> La señora se atolló esa crema "milagrosa" en toda la cara. The lady daubed that miraculous cream all over her face.

B

bagaces: (m.) vagabundo. A bum, a loafer.

Su esposo es puro bagaces.

Her husband is a real bum.

bases: (m.) pies.Feet.

Me duelen las bases; he
troleado ya mucho.

My feet hurt; I've already
walked a lot.

bañazo: (m.) ridículo, vergüenza. Riducule,
shame, embarassment.

¡qué bañazo, haber
reprobado el examen!

What shame! To have flunked
the exam!

bate: (m.) 1) hombre. Guy, man. 2) pene. Penis, prick.

> En ese bar entran sólo bates.
> Only guys go to that bar.

bateador: persona que acostumbra adivinar (sin certeza de la verdad). A person who usually guesses (without certainty of being correct).

bicho: 1) persona rara o animal extraño. Unusual person or strange animal. 2) delincuente. Crook, lawbreaker.

> Tu novio es todo un bicho, lo terminás de inmediato.
> Your boyfriend is a real crook, get rid of him immediately.

birra: (f.) cerveza. Beer.

> La birra importada no me

gusta, ya me acostumbré a las de aquí.

I don't like imported beer. I'm used to local beers.

blanco: (m.) un cigarrillo. A cigarette.

Regalame un blanco, mae. Give me a smoke, dude.

se fue en blanco: no consiguió nada. He didn't get (achieve, bring off,come up with) anything.

bocas: entremeses que se sirven para que coman los tomadores de licor. Snacks served to drinkers in a bar or club.

bochinche: (m.) pleito, alegato, disputa. Fight, argument, dispute.

Un borracho en el bar armó un bochinche de los mil diablos.

A drunk in the bar started a
huge fight.

bombeta: (adj.) presumido (invariable en
el masculino). Show off, one who boasts.

Todos los Ramírez son unos
bombetas, nadie los soporta.

All the Ramírez family are
show offs, no one can stand them.

bostezo: (m.) persona aburrida. A boring
person.

Es que el chavalo que me
presentaron era un bostezo, por eso
me salí de la fiesta.

The kid they introduced me to
was a bore, that's why I left the
party.

bote: cárcel. Jail.

> María fue al bote a visitar al
> Ric, ya sabés que son íntimos.
>
> Maria went to the jail to visit
> Rick, you know they're close.

brete: (m.) trabajo. bretear (v.): trabajar.
Work or the verb "to work".

> Julio bretea mucho, lo veo
> muy cansado.
>
> Jules works a lot. He looks
> very tired.

pasar la brocha: hacer algo para quedar
bien con alguien. To try to please,
convince or get along well with another
person. To overdo compliments.

> Julia se la pasó pasándole la
> brocha a su papá para que la dejara
> ir al puerto y no lo convenció.

Julia tried to please her father with compliments so he'd let her go to the beach but she didn't sway him.

brumoso: (m.) seguidor del Club Sport Cartaginés. Supporter of the Cartagena soccer club.

la burra: almuerzo que lleva uno al trabajo. The lunch one takes to work.

chaine: (m.) ropa que se lleva puesta. Dress up clothes.

Ese mae sí va chaineado, seguro va para una fiesta.

That dude is dressed to impress. He must be going to a party.

chancecito: momento. A moment.

Dame sólo un chancecito y te ayudo.

Just give me a moment and I'll help you.

chao: adiós, hasta luego. 'Bye, Later, (From the Italian "ciao".)

chapa: (adv.) persona poco ingeniosa o con falta de agilidad para hacer las cosas. Used to describe a person who is incompetent.

chapulín: ladrón joven, niño ratero. A young thief or juvenile delinquent. (Lit.- grasshopper)

> Los chapulines asaltaron a la señora y se llevaron su dinero.
> Some delinquents assaulted the lady and took her money.

ah charita!: qué lástima. Ah, too bad!.

chavalo: (sust.) muchacho, niño. Adolescent boy, kid.

> Hay unos chavalos que no hacen caso.
> Some kids don't pay attention.

chema: (f.) camisa. Shirt.

Chepe: la capital de Costa Rica, San José. The capital of Costa Rica, San José.

> Hoy tengo que ir a Chepe en lata. (Lit. – lata = tin can, a term used for the bus)
>
> Today I've got to go to San José on the bus.

qué chiberre: persona con el estómago muy grande. Describes a person with a large pot belly.

chicha: (m.) enojo. Annoyance, irritation, anger.

> No tengas chicha. Ya voy.
> Don't get annoyed. I'm coming.

chichí: (m.) niño. Young boy. Also understood to mean a good looking girl or boy.

tome chichí: expresión de superioridad. Expression of superiority, of being right. Used like "So there!" or "You see?".

al chile: de verdad, en serio. In truth, seriously.

> ¿Pero al chile, cuanto me va a cobrar?

> But seriously, how much are you going to charge me?

chinamo: (m.) puesto de venta improvisado. Improvised vendors stall.

chineada: (f.) persona que le gusta que la mimen, la traten con cariño. A person who likes to be pampered, treated with affection.

chinear: (v.) dar cariño, mimar, tratar bien. To show affection, pamper, treat another person very well.

chingo: (adj.) desnudo. Naked.

chingo/s: (m.) ropa interior femenina. Ladies' underwear, panties.

chingue: (m.) cosa divertida. A fun activity, a blast.

> Aquel parque de atracciones es un chingue.

> That amusement park is a blast.

chiquito/a: niño. Male/female child.

Esa chiquita se raspó la
rodilla jugando.

That little girl scraped her
knee while playing.

chiringue: (m.) cosa divertida. A fun
activity.

Esa clase es puro chiringue
todo el tiempo.

That class is just a lot of fun
all the time.

chirola: (m.) cárcel. Jail.

chiva, chivísima: expresión entre los
jóvenes que denota agrado.
Expression of satisfaction used by young
people. Used like "cool" or All right!

¡Que chiva! ¡Mañana es día de
fiesta!

Cool! Tomorrow is a holiday.

ponerse chiva: enojarse, encabritarse. To get mad, pissed off.

> Magda se puso chiva porque su novio la dejó plantada.
>
> Magda got pissed off because her boyfriend stood her up.

chivo: (m.) hombre que es mantenido por una mujer. A man that is supported by a woman, a leech. (Lit.- a young goat)

chopopis: (m.) "chunche", cosas. Things, stuff.

> Dame, dame la chopopis.
> Give it to me, gimme that stuff.

choricero: 1) comerciante ilegal, a veces estafador. Illegal merchant sometimes a swindler. 2) chorizo: hecho del choricero. Deed of a Choricero.

Dejá de hacer chorizos, ya
tienés muy mala fama.

Stop cheating, you already
have a bad reputation.

chorpa: cárcel. Jail.

choza: (f.) casa, hogar. House, home, my
place.

Vamos a mi choza, mi tata
tiene muy buenos cognacs.

Let's go to my house, my dad
has some fine cognac.

chunche: (m.) cosa, objeto. Thing, object.
chunchero: montón de cosas. A lot of
stuff.

¡Quitá tus chunches de la
mesa!

Get your stuff off the table!

churuco: el que guia, o lleva la palabra. One who guides or has the "know-how". Also a pole used to guide oxen.

eg."Deme el Churuco" = déjame hablar, déjame manejar.

"Let me handle it" or "I got it under control".

chuzo: (adj.) bueno, excelente. Good, excellent.

cito/a: diminutivo de papacito o mamacita. Short way of saying Papacito or Mamcita.

cleta: (f.) bicicleta. Bicycle.

coco: (m.) calvo, pelón. Bald, without hair.

Jorge se está quedando coco y apenas tiene 23 años.

George is getting bald and
he's barely 23 years old.

el "coco": (m.) el diablo. The Devil.

colado: persona que no esta invitado a la
fiesta. Uninvited guest, party crasher,
squatter.

cole: (m.) abreviatura de colegio. Short for
"high school" or just "school"

colgar los tennis: morirse. Die. (Lit. – Hang
up the athletic shoes)
Cuando cuelgue los tenis no
quiero que me llore nadie.
When I die I don't want
anyone to cry.

como las vacas: sin entender nada.
Without understanding a thing. (Lit. –
"like cows")

> Nos contaron un chiste y nos
> quedamos como las vacas.
> They told us a joke but we
> didn't get the point.

compa: (adj.) relativo a buen amigo. A
buddy.

> Ese mae es compa.
> That dude's my bud.

compañebrio: (m.) compañero de tragos.
Drinking buddy.

con toda la pata: 1) satisfecho; 2) muy
bien; 3) en buen estado de salud.

> ¿Cómo sigues con el gripe? ?--
> ¡Con toda la pata!

How ya doin' with that flu you
had? -OK, I'm feelin' better.

concho: (sust./adj.) rústico, huraño.
Uncouth, boorish, unsociable.

¡Sos concha, María! ¡Salude a
tía!

You're uncouth, Maria! Say
hello to our aunt.!

copar: (v.) visitar a la novia. Visiting the
girlfriend.

¿Paco anda copando todavía?
Se le va a hartar la novia.

Is Pete still visiting his
girlfriend all the time? She's going to
get tired of him.

correrse las tejas: volverse loco,
confundirse. Drive one's self crazy
confuse one's self.

corrongo: (adj.) gracioso, bonito. Funny, nice, pretty.

ni costra: nada. With nothing. (Lit.- not even a crust)

le "cuadra": le gusta. He/she likes it.

cuadrar: (v.) ajustar. To adjust, adapt.

culazo: mujer muy bella y guapa. A good looking woman.

"Ni que fueras un Culazo", para las mujeres que se las dan de extraordinarias o presumidas.

"It's not like YOU'RE all that great lookin'" Used as a put down for a female who is acting conceited.

culo de tres nalgas: muchacha presumida..A conceited female. (Lit.- A butt with three cheeks)

Esa güila no me hace caso pero ni que fuera un culo de tres nalgas. That chic won't pay any attention to me. She's really a conceited.

D

¡déle!: expresión para pedirle a alguien que avance o que le pegue a alguien. Expression used to tell someone to "get going" (advance) or to "smack" someone else.

> Hazlo un golpe . ¡déle!
>
> Smack him! Do it!

dar en el clavo: acertar. To be exactly correct, guess right, hit the nail on the head.

> Él supo la respuesta. La dio en el clavo.
>
> He knew the answer. He was exactly correct.

dar lata: molestar, fastidiar. Bother or annoy someone.

¡no me des lata!

Don't bug me!

despichar/despicharse: (v.) 1) arruinar, averiar; 2) tener un accidente. To ruin, damage, have an accident.

despiche: (m.) desorden. A mess.

¿Porqué está hecha un despiche la sala?

Why are you making the living room such a mess?

se despichó Tere: cuando algo sale mal... muy mal. A phrase used when something turns out badly...very badly.

La pachanga se despichó Tere.

The party sucked.

detrás del palo: que no esta en nada, despistado. To be off base, disoriented, clueless, at wit's end. (Lit.- behind the pole)

dicha: (f.) suerte. Good luck.

> Por dicha se me ocurrió traer el paraguas...¡mirá cómo llueve!
> Luckily it occurred to me to bring the umbrella, Look how it's raining!

diez con hueco: engaño (alusión a una moneda perforada, sin valor). A fraud, hoax, act of cheating or telling a lie. (alludes to a perforated coin, without value.

> ¿Vos creés que me vas a meter un diez con hueco? No soy tan tonto.

You think you're gonna cheat me? I'm not that dumb.

dolor de huevos: 1) persona muy presumida; 2) una tarea o actividad difícil o tediosa. 1) a conceited person. 2) a difficult or tedious activity. (Lit. – pain in the eggs (testicles))

Limpiar la casa es un dolor de huevos.

Cleaning house is a pain in the ass.

dos aplausos con natilla: dos tortillas con natilla. Two tortillas spread with sour cream.

echar el cuento: (m.) cortejar a una persona. To romance or court a girl.

> Le estoy echando el cuento a esa chavala.

> I'm romancing that girl.

echar(le) **un ojo** (a algo): (v.) observar, cuidar, estar de guardia. To observe, take care of or guard something.

> Échenle un ojo a mi bici mientras entro a la tienda a comprar las sodas.

> Watch my bike while I go into the store to buy the sodas.

enjache: (m.) acción de mirar detenidamente, observar con atención o malicia. The action of looking at someone

or something closely, staring or giving a
"dirty look"

>¿por qué el enjache?

>Why the stare?

escocer: (v.) doler. To feel pain.

>Me escoce la cabeza.

>My head hurts.

espeso: (adj.) problemático, difícil.
Problematic, difficult.

>Las cosas están espesas
>entre Manuel y Ana.

>Things are difficult between
>Manuel and Ana.

estirar la pata: (v.) morir. To die. (Lit.-
"stretch the foot")

>Desde que el pobre de don
>Aurelio estiró la pata sus hijos no

han hecho más que pelear por la herencia.

Since poor Aurelio died his children have done nothing but fight over his inheritance.

estrilar: (v.) molestar. To bother, annoy.

¡Que se vayan los músicos! Me están estrilando.

I wish those musicians would leave! They're annoying me.

estripar: (v.) apretar, presionar. Press a point or put pressure on someone.

¡No me estripas, mujer! Saldré cuando estoy dispuesto.

Don't pressure me, woman! I'll leave when I'm ready.

estuche: (m.) el estadio de fútbol. Tico term for the soccer stadium

F

fachento: (adj.) persona mal presentada, ridículamente vestida. A person poorly put together, ridiculously dressed.

> Rosa, tan fachento como siempre, se fue a la fiesta en bata.
> Rosa, so tasteless as usual, went to the party in a housedress.

fiado: comprar a credito. To buy on credit.

> Démelo fiado y manana se lo pago.
> Give it to me on credit and I'll pay you for it tomorrow.

fijate: escucha bien a lo que te voy a decir. Pay attention to what I'm going to tell you. Listen up! Check this out!

Fijate vos que Roberto decidió
que no se va a casar con Ramona.
Hey, listen up! Robert
decided that he's not going to marry
Ramona.

filo: (m.) hambre. hunger for food.

Hombre, tengo filo! Man, I'm
hungry!

fondillo: (m.) el trasero. The behind, butt,
ass.

fregar: (v.) molestar, fastidiar (adj.:
fregón). Annoy, bother (adj.: annoying).

A estos niños les encanta
fregar a los mayors.
Those kids just love to annoy
older people.

fresa: (adj.) "de papi y mami", adinerado. A rich kid, slightly pejorative term used to describe upper class young people.

frito: (adv.) sin oportunidad. Without opportunity, without a chance.

furris: (adj.) algo no muy bueno, se puede decir que sinonimo de güeiso. Something bad, ugly. (see güeiso)

G

gacho:(adv.) difícil, weiso. Difficult, hard to deal with.

galleta: (adj.) persona lista, inteligente. A sharp, intelligent person.

> Jose es un galleta de matemática,
>
> Joe is really sharp at math.

gallo, gallito: (m.) porción pequeña de comida envuelta en una tortilla, y por extensión cualquier poco de comida. Small portion of food wrapped in a tortilla and by extension any small serving of food.

gallo pinto: (m.) desayuno típico costarricense. Typical Costa Rican breakfast....rice and beans mixed together.

garrote: (m.) 1) palo grande. 2) puro de marihuana. 1) big stick 2) large joint of marihuana.

gato: (sust.) persona de ojos verdes o azules. Person with green or blue eyes.

En la familia Murillo todos son gatos. / Rodrigo y Sara tienen una hija gatica.

In the Murillo family everyone has green eyes. / Rodney and Sara have a blue eyed daughter.

goma: (f.) malestar posterior a una excesiva ingesta de bebidas alcohólicas. A hangover from too much drinking.

Ni me hablen; traigo una
goma tremenda.

Don't even talk to me. I've got
a terrible hangover.

guachimán: (m.) guardia. Generalmente,
el que cuida los carros en la calle. An
unofficial guard...usually a guy that
watches cars parked in the street for a
fee.

¿Diai? no encuentro el carro.
El guachimán me las va a pagar.

Wassup? My car's not here.
The guard's going to have to pay
me.

los guachos: los ojos. The eyes.
(Pronounced like "watchos)

guacho: (m.) el reloj. A clock or
wristwatch.

guamazo: (m.) golpe fuerte, leñazo. Hard hit or bump, a blow.

guata: (f.) agua. Water.

guatearse: (v.) bañarse. To bath oneself.

guato: (m.) perro, animal canino. También dícese hombre muy ligador.
Dog, canine animal. Also said of a man whose actions are very restricted.

lo estoy guachando: (v.) lo estoy viendo/vigilando. I'm watching it.

guaro: (m.) licor hecho de la caña de azúcar (bebida nacional de Costa Rica); por extensión, cualquier bebida alcohólica, licor. Liquor made from sugar cane; national drink of Costa Rica. The

term is also used for any type of hard
liquor.

guava: (f.) suerte. Luck.

güeiso/weiso/hueiso: (m.) 1) algo feo,
malo; 2) cuando lo dejan solo. 1)
something ugly, bad: 2) when one is left
by themselves.

güevo: (m.) dinero, plata. Money.

guineo: (m.) hombre homosexual.
Homosexual man.

tener güecho: ser tonto, credulón. To be
dumb, gullible.

>¿Creés que tengo güecho? Ya
>me había dado cuenta del engaño.

>Think I'm dumb? I'm aware of
>being cheated.

güila: (sust.) niño/niña pequeño. Little boy/little girl.

Llevate estas paletas para los güilas, Les encantan.

Take these ice cream bars for the kids. They love them.

hablar paja: decir trivialidades, no decir nada importante. To speak of trivial things, not to have anything important to say.

hablar (hasta) por los codos: (v.) hablar demasiado, ser muy parlanchín. To talk a lot, to be very talkative

> Alex habla hasta por los codos; parece perico.

> Alex talks a lot; like a parakeet.

hacerse bolas: (v.) confundirse. To get confused.

> El taxista se hizo bolas y me llevó a una calle equivocada.

The taxi driver got confused
and took me to the wrong   street.

harina: (f.) dinero, plata. Money.

hasta la coronilla/el copete: harto,
fastidiado. Fed up, annoyed with
someone or something.

> Estoy hasta la coronilla con
> Alonzo y sus mentiras.

> I'm fed up with Alonzo and his
lies.

**hasta el culo/hasta las tetas/hasta la
picha:** muy borracho. Very drunk. (Lit.
"drunk up to his ass", "drunk up to her
tits", "drunk up to his dick".

hediondo: (adj.) de mal olor. Smelly, with
a bad odor.

hembra: novia, muchacha. Girlfriend, girl.

Esa hembra me invitó anoche y nos jumamos. No me recuerdo cómo se llama.

That girl invited me to drink last night and we got loaded. I don't remember her name.

la high: la clase alta (pronunciado como "jai"). The upper class.

Los Miranda se creen de la high, ya se les olvidó que su papá era cargador en el mercado.

The Mirandas think they're upper class. They forget that their father was a porter in the market.

hijo de papi/papá: hijo de gente adinerada, que todo lo tiene gracias a ellos. A child from a wealthy family that gives him everything he needs or wants.

A aquel hijo de papi le
pagaron toda la carrera de
administración de empresas y luego
le compraron una compañía.

That rich kid's family paid for
all of his business education and
then bought him a company.

hueiso: (adv.) ver gacho. See
gacho...difficult, hard to deal with.

huele pedos: (adv.) persona que siempre
anda detrás de la novia(o) de alguien. A
person who is always following around
someone else's girlfriend or boyfriend.
(Lit. a fart smeller)

hueso: (m.) persona que miras las cosas y
no compra. A person who looks and
shops but doesn't buy.

huevo: (m.) dinero. Money.

Me quedé sin huevo y todavía faltan dos semanas para cobrar el próximo cheque.

I was out of money and there were two weeks left before I could collect the next check

importar un comino/pepino: no importar nada. Not important.

jacha: (f.) rostro, cara. Face, expression.

     Con esa jacha nadie te sacará a bailar, dejate de tonteras.

     With that face no one will ask you to dance. Stop being silly.

     La jacha de Ilona es bonita, pero el cuerpo no le ayuda en nada, está muy gorda.

     Ilona has got a pretty face but her body doesn't help her at all. She's really fat.

jalar: (v.) andar de novios. To be together, boyfriend and girlfriend.

Ana y yo jalamos desde que estábamos en la secundaria.

Ana and I have been going steady since we were in highschool.

jalarse la torta: quedar embarazada sin estar casada. To be pregnant without being married.

jama: (f.) comida (verbo: jamar). Food (verb: jamar – to eat).

Mami, pasame la sal, esta jama está desabrida.

Mami, pass me the salt. This food is tasteless.

Ya estudié historia, voy a jamar y empiezo con geografía.

I've studied my history. I'm going to eat and start on geography.

jeta: (f.) la boca. The mouth.

jetas: (m.) bocón, hablador exagerado. Big mouth, a boaster.

jetón: (m.) persona bocona, mentirosa. One who boasts, exaggerates.

joder: (v.) molestar, fastidiar, sacar de quicio. To annoy, to drive someone crazy.

jodido: (m.) 1) situación difícil; 2) persona molesta, necia, de malas intenciones. 1) tough situation 2) annoying person, bothersome.

juanvainas: (adv.) tonto, bruto. Stupid, crude.

jue: diminutivo de jue'pucha. Short for jue'pucha (see next).

¡jue'pucha!: exclamación tipo "¡caramba!"- Exclamation..like "Shit!.

jugar de vivo: querer pasarse de listo. To be too smart for one's own good.

Emma quería jugar de viva y ahora está pagando caro.

Emma tried to be too clever and now is paying dearly.

jugársela: resolver problemas propios; correr un riesgo.

Yo me la jugué y el tombo me levantó una infracción. Es que están muy caras las placas.

I risked it, not renewing, and the cop gave me a ticket. It's just that the plates are so expensive.

juma: borrachera (verbo: jumarse). A drinking binge (verb: Jumarse) to get loaded, go on a binge.

Cuando lo vieron bien jumado, le robaron hasta los zapatos.

When they saw he was so loaded they robbed him of everthing except his shoes.

jupa: (f.) la cabeza. The head.

jupón: (m.) cabezón o persona muy terca ("cerrada"). Headstrong, a very stubborn person.

L

lance: conquista amorosa sin compromisos, generalmente poco oficial, ilícita. Sexual conquest without commitments. Usually illict, involving cheating.

> Pablo está casado pero trae un lance con una salvadoreña.
>
> Pete is married but he had an affair with a Salvadoran gal.

lata: (f.) el autobús. The bus.

lavado: (adj.) sin dinero. Without money, broke.

> Hoy ando lavado pero mañana recibo mi sueldo.
>
> I'm broke today but tomorrow I'll receive my salary.

lavarse la hendija: irse a bañar. To go to bath. (lit. wash the slit)

lechero: (adj.) suertudo. Lucky, lucky guy.

¡Qué lechero estuvo Sergio ganando la lotería!

Sergio is a lucky guy to have won the lottery.

leñazo: (m.) golpe muy fuerte. A hard blow.

leva: (sust.) la jacket. A jacket.

Mae que buena leva.

Dude, what a nice jacket.

limpio: (adj.) sin dinero. Without money, broke.

A Olivia la dejaron limpia, esa sirvienta le robó toda la plata.

Olivia was left broke, the maid stole all her money.

lipidia: (f.) pobreza, miseria. Extreme poverty.

> ¡Qué lipidia la de Ana! Le tuve que pagar hasta el taxi.
>
> Ana is really poor! I had to even pay for the taxi.

litrógeno: (m.) un litro de "Cacique" guaro (cane liquor).

los vidrios: "nos vimos", adiós. See ya', So long, goodbye.

de luna: malhumorado. In a bad mood.

> Joel está de luna. Mejor ni lo molestes.
>
> Joel is in a bad mood. Better not annoy him.

LL

lamar a Hugo: vomitar. Vomit, throw up.

estar en una llamita: estar tomado casi siempre. To be usually drunk.

llevarla suave: tomar las cosas con calma. To do things calmly, with patience.

> El trámite del pasaporte es para llevarla suave, los burócratas son así.

> One must be patient applying for a passport...bureaucrats being what they are.

llevela al cuello: llevela suave. To go about something calmly.

M

macho, machito: persona de piel y cabello
claros. A person with light skin and hair.

> Traéte el bloqueador solar, ya
> sabés que las machas no
> aguantamos tanto el sol.

> Bring the sunblock. You know
> that we palefaces can't handle too
> much sun.

mae/maje: tratamiento entre hombres o
entre mujeres jóvenes. Form of address
between young men and women.
Equivalent to "dude" in usage.

> ¿Diay mae? No te veía desde
> que te fuiste a Miami.

> What's up, dude? I haven't
> seen you since you went to Miami.

majar: aplastar, magullar (sust.: majón). Crush, smash, bruise.

> Tratá de no majarte un dedo mientras clavas ese cuadro.
> Try not to smash a finger while your hanging that picture.

majada: (f.) golpiza propinada a alguien. A beating given to someone.

maicero: (adj.) rústico. Boorish, uncouth.

> No seás maicero, andá a sacar a bailar a Rosy.
> Don't be a boor. Ask Rosy for a dance.

mal parido/malparido: persona mala y repugnante. A bad, repulsive person.

mala pata: (f.) mala suerte. Bad luck.

> Fue mala pata que la piedra

le cayera precisamente sobre la
cabeza.

It was bad luck that that rock
fell right on his head.

qué maleta: cuando los genitales
masculinos se repintan en el pantalón. A
comment made when male genitals create
a visible bulge in the pants.

maldoso: (sust./adj.) persona con malas
intenciones o mal pensada. A person with
bad intentions, harmful thoughts.

mamar: (v.) reprobar, suspender
(expresión un tanto soez). To fail, be
suspended (a slightly derrogatory
expression)

A Joel lo mamaron en
matemáticas.

They failed Joel in math.

mamaditas: (f.) pendejadas, tonteras. Foolish, stupid comments.

mandarina (naranita): (f.) carro muy deteriorado. A beat up car.

maría: (f.) taxímetro. The meter in a Costa Rican taxi.

marimacha: (f.) lesbina. A lesbian.

matangar: (v.) cogerse a alguien sexualmente. To grab or lay hands on another person in a sexual way.

media teja: (f.) billete de 50 colones. A 50 colone bill.

medio 35: persona media loca. A person who is half crazy.

menear: (v.) mover (en un baile). To move (in dancing), to have moves.

menudo: grupo de monedas. A bunch of small change (coins).

mera: (f.) peligro evitado. Danger avoided.
>¡Qué mera! ¡Por poco me caía encima un costal de cemento!
>
>What a close call! That bag of cement almost fell on me.

meter la pata: cometer una indiscreción, un error. To commit an indiscretion, an error, to screw up.
>¡Mai, meté la pata! Olvidé a invitar a Mari a la fiesta.
>
>Dude, I screwed up. I forgot to invite Mari to the party.

miado: (m.) tener mala suerte. To have bad luck.

miar: (v.) acción de miccionar, orinar. To urinate, take a piss.

mico: (m.) la vagina. A vagina, pussy.

miche: (m.) pleito. A fight, quarrel, argument.

misaca: (m.) camisa. Shirt.

mocoso: (sust.) niño (despectivo). Kid (derrogatory), snot nose kid.

mojar la sardina: relaciones sexuales. Sexual intercourse (lit. wet the sardine).

moncha: (f.) hambre. Hunger.

monchis: (f.) hambre. "La monchis" referido al hambre post-cannabis. Hunger, "La monchis" is what one gets after smoking pot).

monchar: (v.) acción de ingerir alimentos. The action of eating, to eat.

montado: (sust./adj.) aprovechado (verbo: montarse). Opportunist, free-loader, deadbeat.

> ¡Juan es un montado! Se quedó a desayunar, almorzar y cenar.

> Juan is a freeloader! He stays for breakfast, lunch and dinner.

morado: (m.) seguidor del Deportivo Saprissa. A fan of the soccor team Saprissa.

morón: (m.) corrida. Acto de correr. A run, the act of running.

Me tuve que pegar un morón para que no me dejara el bus.

I had to make a run for it to keep from missing the bus.

mosca: (f.) dinero. Money.

No hay suficiente mosca para hacer una fiesta.

There is not enough money to throw a party.

mosca/mosquita muerta: (f.) persona que finge inocencia o debilidad. A person who fakes innocence or weakness.

Rebeca es una mosca muerta cuando el profesor está cerca, pero cuando no la ve nadie, arma un barullo en clase.

Rebeca is an angel when the professsor is nearby but when no one is watching her she really stirs things up.

mota: (m.) marihuana. Marihuana.

moteado: (adj.) estado mental luego de fumar mucha mota. State of mind after smoking a lot of pot, fucked up.

moto: (m.) huérfano. Orphen.

muca: (m.) la bicileta. A bicycle.

natilla: (f.) crema de leche agria. Sour cream.

nave: (f.) carro, coche. A car, automobile.

nerdo: (sust.) que estudia mucho o es muy inteligente (del inglés "nerd"). A nerd, guy who studies a lot.

> Mi hermano es un nerdo. No sale de la biblioteca.
> My brother is a nerd. He never leaves the library.

ni papa: nada. Nothing.

> Yo no entendí ni papa de ese discurso.
> I didn't understand any of that lecture.

nica: (sust.) nicaragüense. A person from Nicaragua. (male or female)

nota: (m.) 1) estilo propio. One's own style. 2) vibra u onda. One's personal vibe.

> ¡Qué nota la de ese mae!
> That dude's got some style!

O

ojo al Cristo: advertencia. Warning.

¡Mirá, echále un ojo al Cristo,
ahí hay alacranes!

Look! Watch out! There are
scorpions here.

Olla de carne: sopa de carne con
verduras. Beef soup with vegetables.

pa'l tigre: lo contrario de pura vida, estar mal por alguna razón. Sentirse como lo que se le da de comer a un tigre, carne muerta, bueno para nada. The opposite of "pura vida" (cool, or it's all good). To feel like you were given a tiger to eat, dead meat, good for nothing...

paca: policía. Police, cops.

La paca está rondando por el barrio.

The cops are prowling around the neighborhood.

pachanga: (f.) fiesta, celebración. Party, celebration.

Hay pachanga en la playa esta noche.

There's a party on the beach
tonight.

pacho: (m.) situación cómica, vacilón.
Funny situation, a prank.

pachuco: (sust.) jóven vago, que no
estudia, es grosero, maleducado y vulgar.
A young punk, rude, poorly brought up and
vulgar.

Jorge habla como un pachuco,
¡no lo volvás a invitar!
George talks like a street
punk. Don't invite him again!

paja: (f.) trivialidades. Trivialities,
mindless chatter.

Esa muchacha habla pura
paja.
That girl just talks bullshit.

palanca: (f.) valimiento, interceción poderosa o influencia que se emplea para conseguir algo. Influence or pull in business or politics

> Julián tiene palanca con el alcalde de su pueblo.

> Jules has a lot of pull with the mayor of his town.

paleta: (adv.) mucho. A lot, very many or very much.

> Miguel sacó trofeos en paleta; fue el mejor pescador. / La fiesta estuvo espléndida y gozamos en paleta.

> Mike won a lot of trophies; he was the best fisherman. / The party was splendid and we enjoyed it a lot.

palmar: 1) morirse. To die. 2) matar. To kill.

> 1) Ese tipo se lo palmaron la semana pasada; 2) A ese yo me lo voy a palmar.
>
> 1) That guy died last week. 2) I'm going to kill that one.

panocha: (f.) la vagina. Vagina, pussy, cunt, snatch.

paracaidista: persona que se presenta a una fiesta sin ser invitada. Someone who shows up at a party uninvited. A partycrasher. (lit. parachutist)

parte: (f.) infracción, multa. Traffic ticket, fine.

> Esta semana ya me han hecho dos partes por haberme pasado el alto.

This week I've already gotten two tickets for going through a stop sign.

pasar la brocha: tratar de quedar bien con alguien. To try to get in good with someone.

Paco le regaló un ramo de flores a la chica para pasar la brocha.

Paco gave the girl a bunch of flowers to try to get in good with her.

patear con las dos: (v.) ser bisexual. To be bisexual.

Esa mae patea con las dos.

That guy goes both ways.

patear el balde : (v.) morirse. To die. (lit. to kick the bucket)

¿Está Don Pepe? No hombre,
él pateó el balde ayer.

Is Don Pepe here? No man,
he kicked the bucket yesterday.

pedir la entrada: cuando el novio pide permiso para visitar a su novia. When a young man asks permission to visit his girlfriend in her home.

pelada: (f.) humillante, hacer algo mal, que algo salió mal. Humiliating, to do something badly, when something turns out bad.

¡Que pelada! Me despidieron
de mi empleo hoy.

How humiliating! They fired
me from my job today.

pelado/pelao: (adv.) sin dinero. Without money, broke.

No puedo, mai. Estoy pelado.

Can´t do it, dude. I´m broke.

pelarse el culo: humillarse, cometer un error en público. Humiliate yourself, commit an error in public (lit. peel (or show) you ass)

> De verdad me pelé el culo a la pachanga de Maria anoche.

> I really showed my ass at Maria´s party last night.

¡pele el ojo!: expresión de advertencia, como "¡Tenga cuidado!" Expression of warning, like "Be careful!. (lit. keep an eye peeled or "look out") Often just the exclamation "¡Ojo!" is used with the same meaning.

pelele: (sust..) un cualquiera, persona sin educación ni profesión, inútil. A below average person, one without good manners, education or profession.

> Mi yerno es un pelele, lo tengo que mantener.

> My brother in law is useless, I have to support him.

pelón: (m.) fiesta, celebración. Party or celebration.

pendejo: (sust./adj.) 1) tonto o poco hábil para hacer ciertas cosas. Dumb or not good at certain things. 2) miedoso. Fearful.

> Mi hija Olga es muy pendeja para viajar en carro, ¡siempre se asusta!

> My daughter Olga doesn't do well in the car. She always get scared!

pepiado(a): (v.) estar enamorado. To be in love.

perol: (m.) para designar un carro viejo. Word used to describe an old car.

perra: (f.) mujer de varios hombres. Unfaithful woman, cheating bitch. (lit. female dog)

perro: (m.) hombre infiel (persona que se siente atraido por otro del mismo sexo). Unfaithful man (also used for a guy who is attracted to other men).

la peste: interjección; persona/cosa mala. Interjection; a bad person/thing. (lit. plague or pest) Equivalent to "Shit!"

> ¡Ah, la peste! Olvidé que hoy es el cumpleaños de mi novia!

Ah shit! I forgot that today is my girlfriend's birthday!

picado: 1) alegre a causa de embriaguez; 2) celoso. 1) Drunk and happy. 2) Jealous.

Omar cuenta chistes bien divertidos cuando anda picado.

Omar tells really funny jokes when he gets drunk.

picaflor: hombre que anda con muchas mujeres. A guy that goes out with a lot of different women.

picha : (f.) refierase al organo reproductor masculino. Sinónimo de verga. Slang word for penis. Synonymous with "verga".

La chica me dijo, ¡Dame la picha, papi!

The girl told me, "Gimme
some of that dick, Daddy!"

picha'perro: (f.) persona que se le pone la
piel roja al exponerse al sol. Person
who´s skin turns red quickly when
exposed to the sun. (lit. dog's dick)

pichota: (adj.) persona importante o cree
serlo. An important person or one who
thinks he is.

pinche: tacaño, avaro. Cheap, avaricious.
      Mario y Eva son muy pinches;
      no le quieren hacer fiesta de
      cumpleaños a su hija porque no
      quieren gastar.
      Mario and Eva are really
      cheap; they don´t want to throw a
      birthday party for their daughter

because they don´t want to spend
the money.

pinta: (f.) persona rara. A person who is
strange in some way.

piolín: (m.) estar sin plata, limpio. To be
without money, cleaned out.
> Estoy piolín, mae. No traigo ni
un colón.
> I'm broke, dude. I don't even
have one colón.

pipa: (adj.) inteligente. Smart, mentally
sharp.
> Ese mae sí es pipa, sacó una
teja en el examen.
> That dude is sharp, got an A
on the test.

pirata: (m.) taxi sin placas ni permisos de trabajo como tal. A taxi without the plates or license to work as such.

plata: (f.) dinero. Money.

> Se trata de la plata, mae.
> It's about the money, dude.

platero: (sust.) persona que gusta de hacer dinero por cualquier medio. A person who like to make money by any means.

platudo: (adj.) adinerado. Wealthy, rich, well-off, affluent.

playo: (m.) homosexual. A queer or gay man.

ponerse las pilas: 1) apurarse, ponerle más ánimo o esfuerzo a lo que se está

haciendo; 2) ponerse listo, atento. 1)
Hurry up, get it done, get on with what
you´re doing.

El patrón me dijo que debo
ponerme las pilas.

The boss told me I'd better get
busy.

polada: (f.) acción que denota mal gusto,
rustiquez (polo: persona bronca, del
campo). An action that shows bad taste,
lack of refinement. (A **"polo"** is a crude
person, unrefined, from the country.)

polvo de gallo: persona de orgasmo
precoz o eyaculación precoz. A person
who has orgasm or ejaculates
prematurely.

porfa: por favor. Please.

pringa pie: (m.) diarrea, soltura de estómago. Diarrhea.

> No puedo ir al mercado, tengo pringa pie.

> I can't go to the market. I have diarrhea.

prole: (f.) la familia. The family.

> Me toca pasar el domingo con la prole.

> I've got to spend Sunday with the family.

la pucha: interjección; se usa también para mandar al diablo. (ver los ejemplos de puña) Interjection...also used to say "go to hell" (see examples of **"puña"**)

> ¡A la pucha, pendejo!

> Got go hell, dumbass!

la pulpe: pequeña tienda de abarrotes. Small neighborhood store.

¿Vas al supermercado? No, nada mas a la pulpe en la esquina.

Are you going to the supermarket? No, just to the shop on the corner.

la puña: interjección; se usa también para mandar al diablo Interjection; also used for "go to hell".

¡Ah, la puña, ya se me hizo tarde!

Ah, hell, I already know I'm late!

puñetero: persona abusiva, mal portada, grosera, mentirosa. A person who is abusive, poorly behaved, rude, a liar.

puño: montón, mucho. A whole lot, lot's, (also for emphasis.."I really..".

> ¡Tengo un puño de ganas de ir a Río de Janeiro!

> I really, really feel like going to Río de Janiero!

¡pura vida!: expresión general de satisfacción. Expression of general satisfaction....I'ts all good, everything's cool.

> ¿Cómo estás?--¡Pura vida! ¿Y vos?

> How ya doin'??   It's all good! How 'bout you?

rajón: (adj.) presumido (verbo: rajar).
Concieted, boastful, a braggart.

Fernando se la pasó hablando
de los millones de su papá...
¡siempre ha sido un rajón!

Fernando likes talking about
his father's millions...he's always
been a braggart!

Carmen, dejá de rajar, nunca
has ido a Europa.

Carmen, stop putting on airs,
you've never gone to Europe.

rata: ladrón. Thief.

¡Qué rata es el dueño de esa
tienda, todo lo vende carísimo!

The owner of that store is

such a thief...he prices everything
way to high.

raya: (f.) linea de cocaína. A line of
cocaine.

rayado: (m.) 1) loco; 2) persona que se
haya metido varias líneas de coca. 1)
crazy 2) a person who has done too many
lines of coke.

rayar: 1) reprobar una materia; 2) rebasar
un carro en la carretera. 1) Fail a subject
in school. 2) Pass a car on the highway.
  ¿Es cierto que te volvieron a
rayar en matemáticas?
  Is it true that they are going to
fail you in math?
  Nosotros rayamos ese bus
hace como un kilómetro.

We passed that bus about a kilometer back.

regarse: (v.) llegar al orgasmo durante el acto de sexo. To reach climax during sex.

¿Ya regaste, mi amor? Si, papi, ¡qué rico!

Did you come, honey? Yes, daddy...it was great!

una rica: (f.) mujer sexy, atractiva, muy guapa, de muy buen cuerpo. A hot, sexy, attractive woman with a good body.

roco: (m.) viejo. Old.

Ya me siento roco, ayer pusieron las canciones que escucho en el "Baúl de los Recuerdos".

I'm feeling old...yesterday they played the songs I listen to on "golden oldies".

rojo, rojito: (m.) 1) billete de 1000 colones; 2) taxi. 1) A 1000 colones bill. 2) A taxi.

> Eso vale un rojo y medio.
>
> That's worth 1,500 colones.

(a bill and a half)

> Llamá ese rojo porque ya no hay tiempo de tomar el bus.
>
> Call that taxi because there's not time to take the bus.

rubia: (f.) cerveza. A beer.

echar el ruco: declarar el amor a alguien. Make a declaration of love to someone.

rulear: (v.) dormir (pronunciado "ruliar"). To sleep (pronounced "ruliar")

> Alguien te llamó mientras ruleabas.

Someone called you while you were sleeping.

sacar una roja: reprobar una materia.
Fail a subject in school.

la sacó del estadio: que dio una respuesta totalmente incorrecta. Giving an answer that is totally incorrect.

sacar sal: no tener suerte. To be unlucky.

salado: (adj.) sin suerte. Unlucky.

samueliar/tirarse un samuel: (v.) mirar indiscretamente a una persona del sexo opuesto en una posición embarazosa. To stare indiscreetly at a person of the opposite sex in an embarassing position.

sancochar: (v.)cocinar con agua y sal. To boil food in salted water for soup.

sermoniar: (v.) regañar. To scold.
> Mi mamá me echó una sermoniada.
> My mom gave me a scolding.

sobre: (m.) cama. A bed.
> Me voy para el sobre!
> I'm going to bed!

soda: restaurante modesto. Inexpensive restaurant.

socado/socao: 1) borracho; 2) referido a los zapatos, que aprietan, quedan chicos. 1) Drunk 2) Referring to shoes that pinch, that feel too small.

sonajas: (adv.) persona con capacidad intelectual inferior. Used to describe a persona with a low I.Q.

sopla guavas: persona que siempre anda detrás de alguien dándole halagos. Used to describe a person who follows around and constantly flatters another person. A "brownnose", a "suckup".

soplado: muy rápido. Very fast, to move quickly, to rush.

> Jaime se fue soplado para su trabajo, pues no quería llegar tarde otra vez.

> Jaime rushed to work so he would not be late again.

sorompo: (adj.) tonto. Dumb, stupid.

¡**soque**!: expresión para darse prisa.
"Hurry!" or "Hurry up!"

¡**suave**!: expresión para pedir que esperen
o paren. "Slow down", "Take it Easy",
"Hold on a second", "Calm down". Can be
used when another person acts stressed
or agitated.

T

tabo/tajo/ta'o: (m.) cárcel, prisión. Jail, prison, the "joint".

tafies: (m.) fiesta. A party.

tanate: (m.) montón, problema. A problem, a mess, a big hassle.

tanda: (f.) 1) ingestión prolongada de licor; 2) horario de funciones. 1) a long bout of drinking liquor 2) schedule of an event.

> Mauro no aguantó la tanda y se quedó dormido sobre la mesa.

> Mauro couldn't handle the drinking binge and passed out on the table.

Esa película es muy buena
como la pasan en tres tandas, tengo
que encontrar boleto en alguna.

That's a really good movie and
as there are three showings I have
to get a ticket to one of them.

tapis: (adv.) borracho. Drunk.

tarro: (m.) cara. A sad, or tired looking
face.

¡Traés un tarro! ¿Que no
dormiste anoche?

You've got a long face! Didn't
you sleep last night?

tatas: padres. Padre, en el singular.
Parents, father in singular.

Mis tatas viven en Limón./¿Cuántos
años tiene tu tata?

My parents live in Limón/How old is your father?

teja: billete de 100 colones. A 100 colones bill.

Decile a Wilman que me faltó una teja para comprarle sus zapatos, no me alcanzó lo que me dio.

Tell Wilman that I need another 100 colones to buy his shoes. He didn?t give me enough.

tico/a: (sust./adj.) costarricense. A Costa Rican person.

tigra: (adj.) 1) aburrido; 2) hambre. 1) Bored; 2) hungry.

timba: (f.) la panza, el abdomen. A paunch, belly, the abdomen.

Tiquicia: Costa Rica. Land of the Ticos and Ticas.

qué tiradada!: qué lástima. What a pity?

tiro: (m.) momento. A moment.

> No te preocupes. En un tiro terminamos este trabajo.

> Don't worry. We'll finish this job in a moment.

toa: tuanis, bonito. Something cool, very nice.

tombo: agente de tránsito. Traffic cop.

> Bajá la velocidad, en esa curva siempre se para un tombo.

> Slow down, there's always a traffic cope waiting around this curve.

qué buenas toñas/tennis: quiere decir "qué buenas tetas". Phrase meaning "what nice tits".

toque: (m.) 1) intervalo de tiempo breve, un rato; 2) un poco (cantidad). 1) A brief time period, a little while. 2) a little bit (small quantity.

> Dame un toque y ya te atiendo.

> Give me a minute and I'll be with you.

> Estamos un toque cansados y no tenemos ganas de salir.

> We're a little bit tired and don't feel like going out.

torre: (m.) cabeza. Head.

torta: (f.) problema. A problem.

tortillera : (f.) lesbiana. A lesbian, gay chic.

tostado: (adj.) 1) loco; 2) alguien se se ha fumado mucha mota. 1) Crazy 2) someone who has smoked a lot of weed.

traer gente en la azotea: estar loco. To be or act crazy.

> Javier trae gente en la azotea...hizo un escándalo en la conferencia, se portó muy mal.
>
> Javier is acting crazy...he caused a big disturbance in the conference by behaving very badly.

tragón: quien estudia mucho o es muy inteligente. A person who studies a lot or is very intelligent.

traido: (m.) pareja, amante, relación extramarital. A relationship, a lover, an affair.

> ¡Me traigo un traido divino!
> I've got a heavenly
> relationship!

tramo: (m.) puesto de venta improvisado o en un mercado. An improvised stand that sells something or a stall in a market.

trilonca/trilonka: tranquilo. Quiet, peaceful, under control.

troles: (m.) pies. Feet.

> mae, qué troles más grandes
> que tenés.
> Dude, you've got huge feet.

troliar: (v.) caminar. To walk.

tuanis: (adj.) bueno, maravilloso. A thing that is very good, marvelous.

> ¡Tu CD nuevo está tuanis!
>
> Your new CD is marvelous.

tuca: (m.) pierna. Leg.

> ¡Qué tucas tiene esa mujer!
>
> What fine legs on that women!

tucán: billete de 5000 colones. A 5,000 colones bill.

> Prestame un tucán, luego te pago.
>
> Loan me 5,000. I'll pay you later.

turno: (m.) fiesta, feria específica de alguna comunidad. A party or fair specifice to a certain community. (like a block party).

turra: (f.) zorra, mujer poco decente. A tramp, whore, a woman with loose morals.

U

la U: la universidad. The university.

¡upe!: espresión que se utiliza al llamar a
la puerta. Expression used when
someone calls or knocks at the door.

V

estar como las vacas: ser torpe, no entender nada. To be clumsy, awkward...not understanding anything.

vacilón: (m.) divertido, jolgorio, bueno. Fun, merrymaking, frolic, good time. (applied usually to an event or activity)

vaina: (m.) asunto, cosa. A matter, affair, issue, the thing.

varas: (f.) excusas, pretextos. Excuses, pretenses.

> Dejate de varas y ayudame a lavar los platos.

> Stop the excuses and help me wash the dishes.

venado: (m.) hombre que su mujer le es infiel, cerote. A man whose woman is unfaithful.

verde: que estudia mucho o es muy responsable en cuanto a sus estudios.

verguear: (v.) golpear, pelear. To beat up, to fight.

vergueada: (f.) 1) perder; 2) cansado, duro, difícil. 1) to be beaten; 2) tiresome, hard, dificult.

verla fea (peluda): estar pasando por pena, problemas o apuros. To be experiencing shame, problems or difficulties.

viejo verde: (m.) persona mucho mayor que le gusta alguien mucho menor. An older man who chases after young women...a dirty old man.

vino: (m.) chisme, (sust.) chismoso. A piece of gossip.

>Les vengo a contar un vinazo que acabo de oir sobre Rosaura.

>I'm going to tell you all some gossip I just heard about Rosaura.

volando canalete: a pie. On foot.

>Sofía se fue volando canalete a la universidad porque no encontró taxi.

>Sofía had to walk to the university because she couldn't find a taxi.

voltearse la rosca: cuando un hombre se vuelve homosexual. When a man becomes homosexual, comes out as gay.

vuelto: (m.) cambio (de dinero) en una compra.   The change (money) due from making a purchase.

W

wachin pupilas: estar alerta, "ojo al cristo", poner atención. To be alert, to be paying attention.

weiso:(adv.) difícil, gacho. Difficult, hard to do.

wuata (güater): agua. Water.

wuatear (güatear): bañarse. To bath.

¿**Y diay**?: "Y de ahí" ¿luego que pasó? ¿Cómo has estado? ¿Qué le pasa?

Wassup? How ya been? What's happenin'? What's goin' on?

yodo: (m.) café. Coffee.

yunta: (f.) la policía. The police.

Z

zacatera: (f.) mujer hermosa. A beautiful woman.

zaguate: (m.) perro callejero, de raza mezclada. También utilizado para describir a un hombre muy activo en el campo sexual. A street dog of mixed breed. Also used to describe a guy who jumps from one woman to another...a womanizer.

zarpe: (m.) "último" trago que se toman los ticos. The "last" drink of the evening.

zorra: 1) mujer de varios hombres; 2) persona muy astuta. 1) A woman with loose morals, a slut. 2) A person who is very sly, crafty, shifty.

About the Author

Chuck Green has spent much of his life traveling and residing in foreign countries. Raised in Southern California he prowled Mexican border towns even as a teenager before joining the U.S. Air Force at age seventeen. During the six years he served in the Air Force he was assigned to the Air Force Academy in Colorado and did tours of duty in Alaska and in Europe.

Although educated as a financial professional Chuck has tried his hand at being a professional blackjack player in Las Vegas, worked as a photographer for years in Guadalajara, México in the 70's, as a buckaroo on a cattle ranch in Idaho in the early '80's and as a professional horserace handicapper and bettor in northern Nevada a few years later. Since retiring from business in the U.S. in 1999 he has resided primarly in Latin countries....México, Costa Rica and Colombia where he has had ample opportunity to learn and practice the idiomatic Spanish unique to each of those cultures.